RONYA OTHMANN

die verbrechen

Hanser

In Erinnerung an meine Yadê

2. Auflage 2021

ISBN 978-3-446-27083-1

Umschlag: Peter-Andreas Hassiepen, München
Motiv: Ronya Othmann
Satz im Verlag
Druck und Bindung: Friedrich Pustet, Regensburg
Printed in Germany

FSC
www.fsc.org
MIX
Papier aus verantwortungsvollen Quellen
FSC® C014889

1

abgesang

die straße, die dein dorf nicht mehr findet

du stehst unter der sonne, das ziegelrot hält nicht, was
es verspricht. einmal hast du geraten und glut fiel ab,
regnete nieder wie laub im oktober, legte feuer – so viel wirst du
weinen. nimm die schindeln vom dach, reiß den first weg, nimm
die balken heraus, die ziegel bis zum stein, dem grund deines
hauses. jemand hat einen kreis um dich gezogen. du darfst nicht
hinaustreten. dein dir zu eigen gemachtes land bleibt nicht, denn
staub kannst du nicht tragen. es gibt keinen schatten unter
diesem himmel und keinen schutz vor einbrechendem wind.

abgesang

wirf die löwenmäulchen hinter dich.
du darfst dich nicht umdrehen, lass
alles zurück, was dich an sie erinnert.
den kehricht vor dem tor, den buchstabierst
du im winter wie ein sperling den märz.
schon weißt du nicht mehr, was es war.
schnee, als wäre er nie hier gewesen.
leere hofeinfahrten, eine fälschliche
behauptung, die schwarzäugige susanne
hinter deinem rücken. kein name für dein
mädchen. das dorf hat kein haus für dich.
nicht einmal im wald lässt es sich wohnen.
du fragst dich, während du gehst, ob es
das pflaster ist, das deine schuhe nicht
trägt, oder deine schuhe nicht das pflaster.

sollen wir mit den formalitäten beginnen

die frau, die dir gegenübersitzt, notiert.
ihr graues kostüm ist eine anweisung.
du rechnest ihre arme und beine nicht mit und
kommst auf ein quadrat. die schulterpolster,
der rumpf, die hüften. einen rücken braucht es
nicht, es sind die seiten, die alles halten und
dich. zähle die vögel zusammen. der bauch der
taube ist ein frachtraum. du hast davon gelesen.
deine trauerränder verraten dich. nachts hörst du
die hunde unter deinem fenster atmen.

was in wasserzeichen steht

gib mir land, dann rufe ich die wölfe
zurück in den wald. auf meinem mantel
ihre haare, silbern als wären sie ein alter.
an den jahresringen im holz kann man erzählen.
ich warte schon lange auf papiere.
es gibt keine lichtungen mehr, es ist ein wald
wie ein gebirge. ich kratze moos von den bäumen,
fülle meine kissen. alles was ich sage, ist gelogen.
die wölfe hören nicht auf mich.
ich schlafe in bächen, esse vogelbeeren,
schamlos, als wäre ich hier zuhause.

das mottenweiß

mit schweren gardinen hast du die fenster
verhängt. es ist immer eine möwe, die das
ende des wassers ankündigt. du aber bist
eingesponnen in andere netze. in die konturen
dieser tage, in das an- und abschwellende licht. im
kalender ein strich. etwas leuchtet auf, jemand hat
dir geschrieben. wer hier spricht, trägt die
hörnerkrone nicht lange, wie nerz und auch
wie eine waffe, die seidenstrümpfe dazu
sind nur dekoration. den übergang zu den vororten
da streifst du nur zufällig. du suchst nichts und alles
zieht sich entlang der bahnlinie, der weg zur arbeit, was
hast du zurückgelegt. und bist trotzdem hier,
in diesem raum, im weiten kleid, das deine müdigkeit beschreibt
und das einsickern des wassers in den sand. es regnet und die
nachbarn haben gar nichts gesehen und du das eine mal
zu viel, und du siehst es immer noch an diesen geweißelten
wänden, an den innenwänden deines blicks, an den
innersten innenwänden deiner augäpfel siehst du es noch.
streu den grünspan aus, an den grenzen dieses landes
und an denen deines körpers. es regnet doch nur.

in siebentausend zungen

ab und an zuckt es und du zuckst zurück,
jemand gibt dir einen namen,
dem du nicht hörig bist, passgenau
dem zungenschlag nach, dieser behörde. und
nicht, wie dein vater dich nannte. genannt haben
dich viele. und viel mehr ist nicht übrig davon, als
eine haarlocke. dreimal hat man dich gerufen, auf die
verformung hin, wie dieser lösstoff im tee, der den zucker
knapp verfehlt. *dein süßer name,* im park dann
tauwetter, eine begrünung finden für all das ausgestreute salz.
das war dir neu, begrünungen sucht man doch immer.
zum tee warst du zu spät, aber ganz eingedeutscht
schon. in diesem andauernden regen rief man dich, zuhause.

randnotiz

ein in schnee gehetztes reh, zum fluchtpunkt hin. als wäre alles nur
eine zeichnung. die fichten haben sich gelichtet. wohin man sieht
feldarbeit. eine andere habe ich nicht, nur dieses abgepflüge,
herumgeackere, umgefurche. bevor es fluchtet ins weiß.
ich folge niemandem, nur dem tauwetter, diesem rinnsal,
hinfall. sinnfällig ist vieles.
wer hat diese karten gezeichnet und striche gezogen.
man versucht sich ein wenig, nimmt sich als beispiel
die hochgeschlossenen mäntel, das blondierte haar. wie ein tier,
das sich seine wunden leckt, und ich an einem meer. aber hier
ist nur wellblech, schotter, glas. die schnellstraße hallt von fern,
spült manches strandgut und mich, mit geschlossenen augen.
bringt mich in das land meiner vorväter und einen spazierstock,
damit ich mich bei bedarf im grab noch verteidigen kann.

wovon du sprichst, wenn du geröll meinst

womit soll man beginnen, wenn man die monde
abgelaufen hat wie ein alphabet. mit diesem weiler, dieser
hofleere zwischen scheune und wald, nicht mal wind, und
was der nebel hervorwürgt, hängt am morgen in den gräsern.
eine feuchte, eine schwere, dein in der mitte geteiltes haar. es sickert
und ich streiche aus, fades licht. ich schlucke nicht. worauf ich warte,
tritt nicht ein. mit welchem pronomen soll ich dich versehen und
zu welchem ende soll ich atmen. ein zucken in den halmen,
von welchem tier oder war da eins.
in der ferne ein gewitter, das sich in sich zusammenzieht
und wohin. du zählst, ein abgebranntes haus und darin
war nichts außer ein bett, ein stuhl, ein tisch und mein bett, mein stuhl,
mein tisch. mein schlaf ist in eine schieflage geraten. von hier an
lässt sich nicht bleiben, nur fragen. wohin trägt man diese gegend.
und womit füttert man den nebel.

ich bin so traurig heute, meine liebste, meine granatapfelblüte

mit deinen fingernägeln hast du den trauerrand
nach oben geschoben, das blau in den blutenden flieder.
du hast zu viel geredet, schürfst nur noch. ein laken
steht dir nicht zu, flechten unterm baum und früchte,
die weich fallen. bald klingt alles ab, hat eine frau gesagt.
sie weiß nicht von der narbe untem gras, dem rotz im stroh.
man muss seine augen kühlen, und blind sammelst du
maulbeeren ein, zurechtgewiesene wurzeln.
hier schlägst du aus. unter diesen umständen
darfst du nicht weiter weinen, erst nach dem fünften grab,
und es war nicht dein bruder.
sie hat nie wieder getanzt und nie wieder gesungen.
in dem video, das wir sehen, tatsächlich übte sie sich in nelken,
pflanzte jedes jahr, man muss doch essen, riss ihr hemd. die trauer,
eine handgreiflichkeit. sie strich die wochen vierzig tage lang
und kochte, und klagte, weh oh, klagte.
er ging nach mossul und kam nie wieder.
an wie vielen sonnen lässt sich die glut messen, wer hat
diese stelen in den himmel gebaut, damit das blau nicht
fällt. wer hat wolken gesät, wer schwüre geschmiedet.
hier hält man die herden beisammen, schert schafe.
hier bepflanzt man seine toten mit steinen,
damit sie den weg ins dorf nicht finden.

2

ich habe gesehen

ich habe gesehen

man muss das grün begradigen, sich ein feld stecken.
es wohlüberlegt begießen, damit nichts überwächst
und du auch nicht später sagen kannst, dass –
in diesen zur neige gesetzten beeten.
wer trägt dir steine nach. wer jagt dich aus dem dorf,
in dieser von maulbeeren getragenen gegend.
wer stickt die seide der soldaten. wer springt.
du steckst die hecken. in diesem luftzug starb ein freund.
aber ihr seid nur schaumkraut. in diese wiese
bettest du die braut, ihr rotes band, *meine granatapfelblüte.*
weshalb du so traurig bist, beantwortet der wacholder nicht.
der wacholder beantwortet gar nichts. du heckst und hebelst.
ein haus. knotest tücher und küsst. das war keine reise,
aber doch immer eine flucht. in diesen zu ende getragenen reben.
wer bespuckt dich, wer kocht dein blaukraut.
wer klaut dein kleid. wer fällt in deinen garten ein.
wer brennt bäume nieder. wer macht aus deinem haus
einen schützengraben. wer legt erde. wer schießt.
in deinen von händen getragenen koffern.
von hier geht es nicht weiter.
das alles lag unter der zunge. wie schutt, du spuckst ihn aus
und wartest. am telefon sagt vater dir, wie eine nachricht.
von dieser erde ist nichts zu erwarten, nur bienen. aber, sagst du.
und – wer hat die mandelbäume beschnitten. wer hat den tagen
eine ordnung gegeben und der ordnung ein beet.
wer holt die feigen rein, wenn es regnet. wer springt. wer bleibt.
du hast die katastrophen beziffert, ihnen namen gegeben,
und trotzdem.

an einer blüte kann man nicht sehen, wo die sonne steht.
aber wo sie stand im august, weißt du genau. du hast gesehen.
und es liegt bloß, wie der amaryllis ihr fleisch.
man kann das grün vernähen. anwachsen wird es nicht mehr.
an diesen baum bettest du dein haar. du bettest, bar und barhäuptig.
wer war dort. wer war. du gehst über schotter. und nimmst einen stein.
du trägst und kannst nicht trennen. jeder stein lag in der hand
der alten frau. er war. du bist in einem camp gewesen.
und in dem camp war ein karton und in dem karton ein kind.
du hast in zelten gesessen, mit menschen, die deinen namen
tragen und deinen namen trägt der pfau.
du stehst in einem garten, liest wegekarten,
legst linien über nummern. jede zahl ein toter.
aber hier zählen sich parzellen.
wer steckt die schindeln, wer trägt den spaten. wer pflückt
die aprikosen. wer hält sein haupt bedeckt. ein camp ist kein garten.
es ist immer nur laub. du trägst plastikflaschen. wohin,
in dieser sonne. wer trug sie dir nach.
wer kehrt den staub vorm haus. wer legt rosenblüten in zucker ein.
wer nennt dich schwester. wer nennt dich. in dieser bezäunung
kannst du nicht bleiben. wohin du gehst, trägst du
und – *I dream of a land my soul is from* –
die begnügungen, die sich angleichenden grünungen.
du rechnest mit fernwärme, aber hier kommt der herbst
wie eine drohung. wer hat die freunde verraten.
wer hat die gräben gegraben. wer hat die höhlen behaust.
einen sich selbst speisenden garten. wer hat dich der berge beraubt.
du stehst. ein echo. ein fernseher ist ein bilderrahmen. du fällst.

vater, vor dir, kaut und spuckt, eine handvoll sonnenblumenkerne,
gesalzen, wie tropfen, wir warten. du hast zu viel gesehen.
und zu viel getragen. deine großmutter auf dem rücken des onkels,
die grenze, die türkischen soldaten. wer steckt die zwiebeln,
wer knüpft den teppich, wer süßt den tee. wer dämmt die wände.
schabt den frost vom holz, der winter steht in dir. es steht ein see.
du schiebst winterung, kratzt moos vom stein.
untermauerst dein schweigen und schweigst.
du bist nur kapuzinerkraut, bist holz, bist garbe.
du legst rinde an, deine hand führt schnitt, am offenen baum.
wie hält sich diese kleinteiligkeit bloß aus. du trägst rechnung,
allen fluchten zum trotz. wer hält sich. wer nicht.
du duckst dich unter hecken weg, legst goldruten, streu, legst schritt.
mein weißes blümchen augentrost. in dieser grau gegerbten weide
schüttest du erde auf, ziehst blutwurzeln, wäschst im stillgestandenen
wasser. du wachst. du hund, du liegst, du lauerst, immerwährend
auf der lauer. du hast gesehen. wer fällt in deinen garten ein.
wer brennt bäume nieder.
ein echo erschrickt, die weißen autos. hast du gesehen, sie kommen
dich zu holen und kommen nachts.
dagegen hilft ein auge nicht, auch zwei augen und drei und vier,
und blau trifft dich der blick, trifft dich ein verdacht.
im schatten der sonne sammelst du nachtkerzen,
entzündest laubfeuer im winter, stehst da mit angewinkelten armen.
was man dir vorwirft, kannst du nicht blenden mit keinem
glasauge der welt, keinem spiegel.
wer schneidet in dornbüsche schneisen. wer legt narzissen wie saat.
wer entblättert die rose. wer fragt.

deine trauerweide macht sich verdächtig,
sie trägt den kopf wie eine last. und hält sich die blätter
vom leib, sie steht weiß und steht so gefasst. aber du kehrst laub
zusammen. du rollst den teppich wie einen rasen.
du gehst. vierzig tage muss man, sagt vater, vierzig tage warten.
an diesem tisch isst du alleine. dieser tisch ist ein plastiktuch.
du legst die zwiebeln neben das brot. du legst dir zurecht
eine mahlzeit. du schmeckst laub. du kaust und deine hände greifen
deine hände im gestrüpp. im radio sprechen sie von etwas anderem,
aber du bist schon efeu.
sie hatten nichts und haben dir alles gegeben.
in dieser bezäunung stehst du wie ein tier. die nachbarn schauen.
aber wer schaut dir nach. wer häuft sein gold.
wer packt die koffer, es bleibt keine zeit. wer rennt.
wer trägt die trauer. wer stiehlt die braut. wessen haus, dort hinten,
das brennt. *meine granatapfelblüte.* ich habe gesehen –
in dieser weide hast du gelegen. wer hat geschaut, war wund,
war sonnenwendige wolfsmilch.
doch nichts stört sich daran. nichts stört sich in diesem gefüge.
rindenmulch muss man streuen in die rosen und die rosen
in dein gebet. du siehst die schuhe der soldaten. dabei braucht es
keine leinwand in diesem leeren raum, siehst du,
braucht es nur ein paar nelken. deine hand sinkt.
sie hängt neben dem körper wie ein ast, ein baum
kurz vor dem herbst. an den schuhen der soldaten
liest sich der krieg wie eine sohle. und die nutzt sich ab,
man muss warten, in der umzäunung. dies ist kein garten,
dies ist ein zelt. wie viele jahre noch. *glaub mir,*

frag blumen des frühlings, frag freunde, kameraden,
frag die mauern des gefängnisses,
sie werden dir die wahrheit sagen.
echter beifuß, kleines habichtskraut, mädesüß.
dein mit gold und rosen besticktes haupt, hast du gepflückt,
hast du gewunden. wicken hast du gefunden
in diesen gestaubten straßen. von hier führt kein weg.
in deinen armen trägst du rotdorn, dieser ort verlässt dich nicht.
aus diesem ort gibt es kein verlassen und du gehst von zelt zu
zelt, trinkst tee. sie nennen dir ihre toten wie eine zahl.
es sind auch deine, du trinkst nicht aus. gehst wieder in den staub,
in die straße. es gleichen sich parzellen. vor dem holz,
einem verschlag, kamille. wer gibt dir augentrost.
wer trägt deinen blick. wer hat gesehen. wer hat gesucht –
dass wenigstens einer, wenigstens ein einziger.
dass wenigstens – kein bund baldrian wird dir helfen.
du musst verstehen. hier nicht und auch nicht in parzellen
wirst du schlafen. es verschlägt sich. *in den straßen*
einer europäischen großstadt. deine braut trägt
ein weiderichgewächs in ihren händen.
bis zum morgengrauen musst du warten.
aber hier schlägt der wind gegen zelte
und gegen den wind schlägt die sonne
und gegen die sonne schlägt – gar nichts.
bin ich einem kurdischen mädchen begegnet.
du trägst einen klumpen. du trägst list.
du trägst ein silbertablett, darauf schafhirne,
im palast hoch über der stadt. diesem tyrannen,

was trägst du ihm nach, du schlägst schlangen
von seinen schultern. wer jagt dich aus der stadt.
auf den fels, *zagros*. du zündest feuer und –
frühling kommt ins land. auf euren gräbern pflanzt ihr
steine wie blumen. du fluchtest und fluchst.
in dieser landschaft legst du glut über feuer.
wer sprang. wer trägt die schuhe der soldaten.
wer bestickt dein weißes tuch. du siehst immer noch,
trägst krokusse in das haus. damit der regen die blüten,
damit die blüten den regen. dir fehlt harz –
auf dem boden sitzt eine alte frau.
sie hält einen stein in der hand und der stein hält –
du hast gesehen, dein dorf war brüchig. in ihm zog alles aus.
es hält sich ein camp vier jahre, hält sich, dieses bezeltete –
es ist kein haus. wer legt goldruten. wer legt malvenblau.
wer legt eine spur für flieder. wer legt deinen weg zurück.
wer legt ihn dir aus.

die mauer, der putz, in dem sich dein gesicht spiegelt

schon zu beginn fällt, was du nicht sagen kannst
oder nicht gesagt werden kann – lagepläne von zwei
straßen. sie kamen. hinterm haus bellten hunde nicht.
und auch hühner standen still. in dieser landschaft
ein verbrechen. schreib das auf! nur war sie anders, die landschaft.
gab es bäume, war der krieg schon vorbeigezogen. als ob wir von
nichts wüssten, als ob wir nicht wüssten, ist die landschaft trotz
alledem ein protokoll. und der himmel immer eine lüge,
unversehrt blau. so viel dazu. jetzt aber liegt in meinen armen ein
kind, eine cousine auch. ich zähle mich dazu und bleibe doch
die gästin. sowas in der art, so sagt man mir übers kind,
über den kopf des kindes. es ist noch zu klein. zum fliehen
muss man beine haben. ich fasse seinen kopf.
als ob was zu fassen wäre außer flaum. ich fasse zusammen
all mein fremdsprechen. die angereicherte stille
an orten, die einmal eine stadt waren. dort stand
ich bereits, habe cola getrunken, mit den mädchen,
die soldaten waren. und immer stand eine in den schießscharten,
die mädchen hatten haare, hatten zöpfe, lang wie ich.
ich habe sie später noch einmal gesehen, wie die sonne
auf ihre uniformen fiel und die uniformen in muster fielen
ins gras. und wie die sonne auf meinen bildschirm fiel und das bild
in muster und ich ins gras. aber damals sagte ich, danke.
und trank noch einen tee und weinte später.

von ninive bis in die berge

als stünde es dir nicht zu, laut zu lachen,
schluckst du auch ein jahr später noch, presst
die kiefern, malmst wie kies den wind, du trägst die
kleider deines mädchens in leeren taschen. du gehst,
schreibst dich ab, du sagst du, könntest du ich sagen,
sagtest du ich, hätte ich all das gesehen, und du sagst du,
als hättest du alle leben dreimal gelebt. kam der winter,
trug dir ein das weh, trug dich, konnte dich nicht mehr tragen.
du gingst in den schnee. als könnte nur ein winter den
sommer löschen, aber dieser sommer trägt seinen staub bis
in den märz.
wer hier spricht, tut nichts mehr zur sache.
kommt nur noch zum weinen, kommt beizeiten,
setzt sich, setzt dich fest, in dem staub. wie eine spur
deiner schuhe, die fest geworden ist.
am beton spiegelt sich die sonne. du siehst sie wieder,
ein jahr später siehst du immer noch. von der straße geht es nicht
einmal einen abhang hinunter, oder doch, einen abhang
könnte man es nennen, wäre das haus zehn meter weiter,
dort, wo jetzt die hunde stehen.
du hast die angewohnheit, lagepläne abzugehen, im kopf,
dabei bist du nie ums haus gegangen, nur bis zu den
beeten, die gemessen am garten – am garten gemessen
nur – eine grünfläche sind.
wer hier gelebt hat, kam nicht wieder. man muss die steine
rückwärts lesen. von der kuppel beginnend, sonnenförmig,
die strahlen. die kuppel aber landete, die kuppel ohne kuppelrumpf

und kuppelsitze aber landete nach der detonation
drei meter und zehn zentimeter weiter.
rechnet man den schutt, die steine zurück bis ins gebäude,
bekommt man einen tempel.
und auf den sprengstoff darin, an den innenwänden der decke
kurz vor der detonation, die das innerste nach außen kehrte,
und –
du liest listen, liest wieder die listen wie nummern, liest in
den listen die nummern, sie setzen sich fort bis in den januar. im
märz haben sie schon neue gräber gefunden. dein name
stand da, nur war es ein anderer.

garn, zwirn, faden, stich

an einem stück seife hast du die abnutzung
der wochen gelesen. an deinen händen hast du gelesen, was sie
trugen, die arbeit der sommer. du hast gelesen an den
bergen die grenze, an deinem dorf sein schwinden.
ich trug melonen. die melonen trug ich in einem sack,
die fasern grob, als ob man sie scheuern hören könnte.
es war noch nicht mittag. die sonne traf mich schräg an der stirn,
ich trug die melonen auf dem rücken
und das gewicht der sonne auf der stirn.
wir gingen mit unseren stirnen schräg zur sonne,
die melonen im rücken und im rücken die grenze.
im dorf sahen wir es schwinden
an der abnutzung der steine, die lehm waren, an der witterung,
westwärts. an den dächern, die sich zur erde
neigten und fielen.
wenn die trauer eine schwester hätte, zerfaserte diese
wie das garngewebe unter dem gewicht der
melonen, wenn die trauer einen namen hätte, trüge
sie eine blume im haar und hieße wie deine schwester,
sie hat schwer zu tragen am gewicht der
melonen, die scheuern am rücken. du gehst.
wenn die trauer einen namen hätte, hieße sie rende,
aber rende ist niemand, den du kennst, und doch hast du
sie schon einmal getroffen.
wenn die trauer deinen namen hätte, würdest du
aufschauen, wenn sie dich ruft.
im hof aß ich melonen. ich aß das innere der melonen.
das innere der melonen war rot, aber es tropfte wie wasser auf den

teller, sammelte sich in der tellermitte. ich trank das melonenrinnsal
wie wasser und warf die schalen den hühnern vor.
alles, was du gesehen hast, hast du vergessen und siehst
es immer noch. du hast das sprechen gelernt wie das laufen und
bist gefallen. an einem mittwoch ausgerechnet rief dich
deine schwester beim namen. sie teilte dein haar in der mitte,
legte es in hälften, legte die hälften über deine schultern
und flocht.
du schaust auf. es sammelt sich wie ein rinnsal, am rand der felder,
auf lastwagen, schaukeln die melonen
westwärts, klopfen, klopfen. so hat man es dir gesagt,
an der schale der melonen kannst du alles hören.
die reifen stäuben staub auf, dabei bist du es, die geht.
nicht mit den melonen, aber hinter den melonen. es ist viele
sommer später. ich habe alles aufgeschrieben, die zöpfe aber
habe ich mir bewahrt für die tiefste trauer,
und bei jeder trauer dann trug ich die haare wie
ein tier. so ging ich, hinter dir. meine zöpfe
schräg zum gewicht der sonne. am klopfen der
melonen, so sagst du, kann man ihre süße hören.
die trauer aber hat keinen namen und kein gesicht.
nur manchmal heißt sie rende. an der melone hast du gelesen
die sonne, am sommer sein ende, an den kernen die saat,
an der arbeit deine hände, an deinen händen die jahre,
an den dächern an deinen händen die jahre, an den dächern
die erde, an der erde – wer fragt. die ölpumpen klopfen.
zur melonenlese trug ich das gewicht meiner haare
schräg zum gewicht der sonne, so lernte ich sprechen und fiel.

alle vögel schweigen

an diesem morgen, sagst du, als meintest du diesen
täglichen morgen. aber da ist schon nachmittag
und die sonne hängt über, als ob der tag einen rand hätte,
angenommen, das licht ist dumpf, hängt lose, in dünnen
wolken, hier, sagst du, ist so viel grün, dass es schmerzen
macht, in deinen armen, sagst du, zieht es nach osten.
du sagst, falls vorne jemand wartet, gehst du hinten
aus dem haus. du fragst nicht mehr, gehst seitwärts
zum bordstein, als hättest du maß genommen mit bloßem
auge, trägst du einen anderen mantel, trägst du einen mantel,
trägst du einer anderen den mantel, trägst du in den taschen
kleine steine, aber die steine wiegen nicht, du sagst,
die luft ist schwer, als könnte man tagelang
noch von ihr trinken. sie sammelt sich unter deinem
bildschirm, aber nichts schwemmt auf, nur sickert es
manchmal aus den poren der häuser, niemand sieht
es, nur du weißt, dass die wäsche tropft.
du sagst, deine hände halten nichts, du sagst, selbst
die taschen sind aus papier.
niemand hat uns gerufen, wir haben trotzdem die vögel vor den
karren gespannt. als ob wir flohen, haben wir hinter dem letzten
checkpoint und vor der grenze, das land in unserem rücken,
unsere dörfer noch einmal bei ihren, unseren namen genannt.

nachmittags

du kommst gerade vom einkaufen. du bleibst
stehen, deine tasche ist schwer. doch kannst du
keinen schritt gehen, ohne dass deine füße boden
verlieren. dabei fällst du nicht. und wäre das ein film,
sähen wir eine frau im langen mantel, die über die
schulter eine tasche trägt, die bei jedem schritt
wie ein pendel ausschlägt, sähen wir die frau einen
fuß vor den anderen setzen, sachte, als ginge sie
auf papier, sähen wir den himmel sich in der fassade
spiegeln, sähen wir das glas bewölkt oder grau. wäre
der boden ein pflaster mit steinen wie umgestürzte
stelen, wir sähen ihre schritte darauf, und wäre es nachts,
könnte man die absätze ihrer schuhe hören, schlagen und
zwischen den häusern widerhallen. doch jetzt kommt
die straßenbahn und streicht alles durch.
du hast es nicht mehr weit und setzt dich trotzdem auf
eine bank. der rücken findet seine haltung nicht, das wort
nicht deinen mund. vorerst schweigst du. was wissen die
blätter über deinem kopf, was weiß der regen, der nur eine
richtung kennt, zur erde, in die erde, unter die erde.
deine schuld hängt in allen bäumen, wie vögel, die das
fliegen vergessen haben. doch hast du dir nichts vorzuwerfen.
du irrst dich, stellst das atmen ein, doch der atem kennt nur
eine richtung. wie eine uhr läuft er ab und davon.
wäre das ein film, sähen wir eine frau, die hat ihre
sachen beisammen, neben sich auf der bank, sitzt im mantel
ohne flecken und in schuhen ohne löcher. die haare gekämmt,
glänzend wie am ersten tag. wäre das ein film, hielten wir

ihn für ein foto. du sitzt da, als hättest du das straucheln
vergessen, im windschatten eines weiteren tages. nur die tropfen
verraten dich, wie sie von den blättern des baumes auf dich
hinunterstürzen, sich in der wolle deiner mütze verfangen,
einsickern, als wäre sie erde. dabei hat es gerade erst
aufgehört zu regnen. schon bist du müde. ist das haus erst
fertig gebaut, muss man gleich das dach erneuern,
dabei geht das leben andersrum. du bist ein haus,
wir betrachten es von außen, ein verhau von frau,
sagen wir ein mensch. du machst strophen, damit du darin
wohnen kannst. doch wird dir das nicht helfen, in diesem fall:
dein schlaf ist wie du an keinem ort zuhause. und deine
schuld ein grab, aber das hast du nicht gesagt.
dein weitergehen, vorerst dein atem.

zehn tafeln keilschrift

was du erwartest, ist der absinkende
dämmer, das sich abschreibende ende des
tages, das du hinter zugezogenen vorhängen
erwartest. hier kann dich keiner finden. bis
deine hände müde werden, wiegst du chlor und
blei, buchstabierst du eine bleibe, in der der
schimmer weicht. das absterbende
dieser spärlichen tage. du beschreibst lichtverhältnisse,
als wären sie eine antwort auf die frage nach wassermelonen,
ihre schale hält nicht, was sie verspricht, und du isst sie
trotzdem. du sparst auf licht. ein dorf kommt aus der
erde und geht in die erde, ist sich selbst ein grab, steht
in lehm und stroh. du hast deine sprache vergessen und
stehst nun in ihrer schuld.
als könnte man bannen, was hinter einem steht.
wer bist du in diesem mangel an licht.
wer bist du in diesen leeren straßen.
wer bist du am ende der straße, wo der kohlegeruch im winter
noch zwischen häusern hängt, als hätte ihn jemand dort vergessen.
wer bist du bei deinem tod.

die häuser wurden nicht für uns gebaut, trotzdem wohnen wir darin

schwarze tannen, so viel siehst du. einen abhang,
beladen. gebirge, talwärts. das ist nicht dein wald,
trotzdem. von der straße kommst du. der rand des
himmels ist schon in nacht getaucht, die echokammern
der krähen. hinterrücks gerichtete flüche. es ist schon
spät. du kannst nicht schlafen. du sammelst buschwindröschen,
fragst nach berberitzen, herbstzeitlosen, tröstest dich mit
moos. die krähen über deinem haupt aber schweigen,
als hättet ihr euch darauf geeinigt. vielleicht kannst du
noch umkehren, du müsstest nur rennen, fürs erste
aber reicht dir tau.
sieben sprachen liegen unter deiner zunge, alle
sind stumm. sie kauern, und dein mund öffnet und
schließt ein, was nicht zu wort kommt. in diesem
wald aus tannen, zwischen rinden und mulch, nimmst du
einen stein. du wirfst, um zu vergessen,
aber der stein fällt dumpf auf aufgeweichte erde.
du hast zu lang gewartet. der schlaf stellt sich nicht
ein. was sich später lichtet, ist noch kein morgen.
ist was du siehst, zwischen gebüsch und
gesträuch, dein straucheln. vielleicht solltest du
umkehren. aber wohin.
an deinem zopf erkennt man das dorf. alles andere
hast du verraten. du trägst es hinter dir her
und beginnst von vorne.
schwarze tannen, so viel siehst du, natternköpfe, eibe, immergrün.
krähen stürzen der nacht
hinterher, als wäre sie ein schwarzgefiederter see.

von den anhöhen leuchten dir weiße
schierlingsblüten. das davonkommen ist die leichteste übung.
totholz lässt sich nicht tragen. schneebeeren leuchten dir ein.
das wasser wäscht sich aus, spült abwärts,
und als könntest du folgen, gehst du ein paar schritte,
bleibst stehen, gehst weiter.

und die grauen tauben schon geschlachtet

du hast noch nicht geschlafen, da schreckst du schon auf.
dabei ist es nur wasser, das in den rohren tropft. als spräche
es zu dir und wollte dich warnen. du willst keine vergleiche
ziehen, aber niemand erwartet die kugel im briefkasten so
sehr wie du. du trittst neben dich. hältst still, als wärst du ein kissen,
wenn jemand ins zimmer kommt, bist du ein kissen.
nur musst du danach greifen, du greifst und es treibt dich weg wie holz.
gerade noch lag es dir zu füßen, jetzt schwimmst du, und
die gräser wissen keine richtung. sie wachsen nach oben,
unten und gehen mit dem wind.
du weist von dir, was man dir anschuldigt und anhaftet.
du besprichst dich mit akazien. an ihrer rinde liest du,
was du vergessen hast und vergisst, als müsstest du weichen.
du gehst fluchtwege im kopf, und müsstest du gehen, gingest du
zum ersten mal. im kopf lässt sich kein vorsprung machen. nur die
schritte zählen, wie auf papier, als müsstest du noch unterschreiben,
es sind aber fußspuren aus staub, bis wasser kommt, wind.
niemand hat dich erwartet und niemand vermisst.
als du gehst, gleichst du einem ast, der sich vom baum gelöst hat
und sich morsch davonschlägt, gleichst du
dem wagenrad am wegesrand, der ein straßengraben ist,
in dem sich plastik sammelt, das niemand erwartet
und niemand vermisst. gleichst du einem plastikbaum,
dessen morsche gabeln in den wind schlagen, gleichst du
einem plastikbaum, der, obwohl
er nicht wächst, wurzeln schlägt, gleichst du.
die wasseroberfläche hast du trotzdem nicht mehr erwartet.
du tauchst tiefer, als du denkst. übers ertrinken hast du gelesen.

als ob der grund wasser ist
aus einem umgekippten glas, und über das tischtuch
langsam rinnt, nur ist da keine kante, von der es fällt.
du flehst und fliederst. verhandelst mit den disteln,
willst ihnen schlaf abringen, aber die disteln
schlafen ebenso wenig wie du. es wird dir nicht
helfen. was du gesehen hast, kann auch das wasser
nicht vergessen. und als könntest du von neuem sprechen lernen,
stichst du die wörter mit der zungenspitze und schluckst.
vom wachen liegst du dir wunden, du verbindest
die blätter mit blüten aus phlox.
dabei bist du nur ein mädchen, das
seine sprache nicht spricht. man sieht es an deinen augen.
die wimpernkränze flattern, als suchten sie boden.
du hast immer den himmel gefürchtet, dass du hineinfallen
könntest wie in den schlaf, und fürchtest jetzt den schlaf,
der in dich fällt wie ein himmel. über deinem kopf ist alles
bodenlos, die dachfluchten und -streben, könntest
du sie verstehen, würdest du ein haus bauen.
aber du buchstabierst nur ein zimmer, das fensterglas
aus plastik und wände aus stoff. du buchstabierst,
dass es schlackert, als ob jemand klopft. dabei ist es nur
der wind, der staub aus der wüste trägt, ist es nur der staub,
der im wind die wüste, in der wüste den staub und im staub
den wind trägt.
niemand verzeiht dir, von ninive bis in die berge.
als könnte nur das laub das feuer löschen, entzünden sich
ganze felder am mohn.

dies ist kein spiel

du setzt neu an: der gekippte teich im
park, das abgestandene wasser,
grasnarben, dein alphabet. die landschaft,
als wollte sie dich warnen. diesen
buchsbäumen ist nicht zu trauen. dabei bist du es,
die du liest. eine parkbank, als hätte jemand
europa mitgenommen, das es so nie gab.
wohl aber softeis, grünweiß, kardamom. du
setzt dich. hinter dem zaun patrouillieren die
soldaten. du siehst nicht, was du weißt.
als wollte die hecke sie tarnen. wohl aber dornen.
wer hat deinen urgroßvater umgebracht,
sagst du nicht, und als hätte sie dich doch gehört,
nimmt deine cousine deine hand. zieht dich
über den rasen, als wollte sie möglichst viel
abstand gewinnen zwischen dir und dem was dir
nachrennt. in der schiffschaukel schreist du
später in dem video, mit aufgerissenem mund,
doch der ton ist aus, vor freude oder angst.
es haben die stundenblumen geschlagen,
um dich ist es geschrieben. deine bloßen
blütenfäden, sie bluten ins rot. eine handvoll davon,
die so leicht ist, dass sie beim anschauen schon
zerfällt. hier warst du nie vorgesehen und bist
trotzdem weitergegangen. in dieser
landschaft, die den blick zieht, bis er sich
erschöpft und hängen bleibt im stroh,

in der abgeernteten erde. da warst du ganz
eingestaubt schon. als hätte es dich verloren.
im hibiskus steht geschrieben: die sprache,
die deinen mund nicht mehr findet, die straße,
die dein dorf nicht mehr findet. das grab deiner
mutter.
du siehst die steine, die sie nach dir warfen,
in den mauern und häusern, als hielten sie die
stadt zusammen, als wäre sie ein dorf.
dabei haben die straßen längst schon
ins umland ausgeschlagen, von
wo du kommst, und trotzdem hast du hier
nichts verloren.
in einem anderen leben wären hier:
das haus, in dem du lebst, die schule,
in die du gehst, das haus deiner nachbarin.
der friedhof, auf dem man dich begräbt.
in diesem überfluss an licht, das
alles flutet, auch dich, den dreibeinigen hund,
der dir folgt oder nur zufällig in deine richtung geht,
fürchtest du steinschlag, als wären die häuser
berge und die straßen schluchten. vielleicht
meinen sie den hund. dabei war es eine hand,
die nach dir warf, als könnte man jeden stein
von der hand trennen. drei standbilder, ein triptychon:
die hand, der stein, du fällst.
als wärest du dem stein zuvorgekommen,
liegst du schon auf dem boden. dabei braucht

es nicht einmal eine drohende hand,
die mauern reichen schon. vielleicht war es aber
auch eine gewohnheit, die dich zu boden warf.
dies ist kein spiel.

afrîn

in dieser stadt liegen nur die wände richtig.
alles andere hast du gesehen. die mauern brechen
den schatten am licht. alles kommt auf dich zurück,
egal wie sehr du den kopf einziehst. der abdruck der
landschaft am himmel, der abdruck des himmels auf
deinem kissen.
die namen der gegend, die du erinnerst,
sind nicht die, die sie trägt. keiner davon spricht
deine sprache. auch oliven erinnerst du als kirschen.
dabei legte die landschaft sich in falten,
wie du vom hausdach sehen konntest,
flatterte in der wäsche der wind, war der sommer noch
ein frühling. der weg zur arbeit war noch der weg zur
arbeit. der weg zur nachbarin war noch der weg zur
nachbarin. der weg nach hause war noch der weg nach
hause. als sähest du dir fotos an, die jemand durch ein
autofenster geschossen hat und in denen sich ein polster,
ein kopf, ein arm im himmel spiegeln und in
der landschaft oder einem haus verschwinden.
war es das polster des autos, in dem du saßt, der kopf
deiner schwester auf deiner schulter, dein unterarm
an der fensterscheibe. der nachmittag, eingeschlafen
im auto, doch sicher kannst du nichts sagen, obwohl es
dich bezeugt. dieses bild, das es gegeben haben könnte,
du warst einmal, doch das ist jahre her, in dieser stadt,
zur mittagshitze, in der straße mit den tiefhängenden rollläden
vor den geschäften, als schlössen sie, dabei hatten sie gerade erst

geöffnet. wo dein onkel coca-cola kaufte, was keine coca-cola
war und ihr trotzdem coca-cola nanntet, als weigerung und lüge.
auf dem bürgersteig, wo du standest, den kopf in der sonne,
den körper im schatten, hast du das ende gesehen. in einer toten
taube im staub, die da nicht lag und mit dem schnabel auf eine
ausgetrocknete pfütze zeigte. da hast du den himmel fallen sehen.
im wasser sein ertrinken, in der mittagshitze,
die in den tag einbricht und nachts als schatten in den straßen hängt,
nicht weicht, nicht weicht. dies ist nicht die beschreibung einer
stadt. dies ist eine beschreibung, die einmal eine stadt war.
dies ist eine beschreibung einer, die einmal eine stadt war.

deine schwester trägt den namen einer blume, dein bruder den eines ermordeten

du hast ein grab gesucht und ein
feld gefunden. du hast drei schritte gemacht
und sieben gezählt. es war das falsche.
es war september auf einer straße zwischen
zwei städten, die du nur beim namen kennst. war es
baumwolle oder weizen, haus oder grab.
du hast nicht gefragt, als man dich zuhause
rief, auf der suche nach einem feld
zwischen zwei dörfern, die du nur
beim namen kennst.
straße oder hund, buchstabe oder zahl,
kugel oder schwert.
es war die hitze eines mittags,
es war der schatten eines baumes.
das dorf blieb man dir schuldig,
alles andere hast du gesehen.
du bist sieben schritte gegangen
und hast keinen gezählt.
drei tage später dann hast du den bus
über die grenze genommen. die soldaten
haben dich passieren lassen. neun stunden
später hast du nicht mehr geweint.

wer hat deine stimmbänder durchgeschnitten

ein haus, dessen türen aufgebrochen, dessen
fenster ausgeschossen, in den zimmern kehrt
der wind, wovon du weißt, auch wenn du
deine augen schließt, sind petersilienfelder,
sind weiße tücher, sind trauermücken, sind
nachbarshühner, sind kleinmädchenkleider,
sind rosenhecken, sind dorn busch strauch,
sind weintraubenblätter, sind okraschoten,
sind hirten, händler, schulwegskinder, sind jetzt fort,
sind plastikschlappen, sind gartenzäune, sind
ausfallstraßen, sind quittenbäume, ist der
staub nach den schüssen, und wer hat euch verraten.
was von dir weiß, auch wenn du die augen schließt,
ist der besen neben der tür, ist das stroh unterm dach,
ist der hund, den hast du zurückgelassen, sind
die teegläser, sind die kaffee- und untertassen, sind ausgewaschene
aschenbecher, ist das brautkleid deiner noch nicht
verheirateten schwester. ist dein haus, dessen türen aufgebrochen.
vier jahre hast du nicht gesungen. in deiner kehle heult der wind.

glaub mir

was du zurücklässt, ruft dich nachts,
folgt dir auf dem weg zum supermarkt,
wartet auf dich an der haltestelle in diesem
mangel an licht. hinter doppelglasigen fenstern,
in denen sich das wasser sammelt und ins holz
zieht, hast du genug zeratmet, liest in abgeblühten
rhododendren. misst die zeit in tagen. was noch übrig ist
vom november, schreibst du auf.
beim friseur sagst du eine handbreit, die man spitzen nennt.
so viel muss man schneiden. jahre, die sich im kehrblech
sammeln, erwartest du stumm wie laub.
du weinst, da hast du schon bezahlt, bist wieder auf
der straße. in einem anderen leben hängt dein
zopf auf einer leine wie ein stück wäsche
über dem grab deines bruders.

grammatik

die angst ist immer ein mann, der unter deinem
fenster auf und ab geht. die angst kennt keine grammatik,
die angst stolpert nicht. die angst ist das stolpern
zwischen zwei schritten. ein mann geht unter deinem
fenster auf und ab. er stolpert nicht. die angst trägt
immer einen bart. sie ist ein barhäuptiger mann mit bart.
die angst ist immer ein mann mit bart,
ein mann mit bart geht unter deinem fenster auf
und ab.

die landschaft ist immer auch ein protokoll

seit sechs jahren ist kein tag vergangen.
trotzdem geht die sonne unter und ist der himmel
nicht auf die erde gestürzt. du trägst den hibiskus
ins haus, und wo er stand, fällt schnee und taut es
und ist noch immer august. du liest die zeit
im kalender, ihre arbeit in deinem gesicht,
deinem haar. dein zopf hängt über. du fragst
dich, was dir entgangen ist. auf den fotos siehst
du den schutt der stadt, in ihm dein haus. du brauchst
keinen spiegel, damit du siehst, dass du
entkommen bist, und bist nicht mal gerannt. dein
kopfkissen am morgen, dein nasses handtuch im
bad, deine schritte im hausflur, du gehst. seit
sechs jahren ist kein tag vergangen. du trägst den hibiskus
vors haus. es regnet und auf dem bildschirm
siehst du deinen tod, dem du entgangen bist.
das kino der mörder, sein ablicht. in deinem gesicht
arbeitet der august. du trägst die scham wie einen mantel,
der immer zu dünn ist und eine farbe aus staub.
die zeit wiederholt sich, du schlägst sie aus.

du zeichnest die karte deiner verluste

1

es sind die hände, die sich erinnern, dabei hast du
alles vergessen. deine fingerkuppen beschreiben
höhenlinien, schraffen, reliefs. als riefe dich ein
schmerz, zöge dir bis in die armbeuge. als wolltest
du erfassen, was abhandengekommen ist.
trotzdem beginnst du bei den milchblumen und endest
im meer.

2

wo die stadt liegt, die du immer suchst, findest du
nur noch ihren namen. zweisilbig, ganz eingetaut,
weiß wie schnee auf staubiger erde, verschwindet er
in der landschaft. sprichst du ihn aus, zerrinnt er.
zwischen deinen lippen trägst du tauwetter. also schweigst du.
du fürchtest den frühling, fürchtest, dass er offen legt,
was ohnehin schon offen klafft, ein feld und die stadt, als wäre
sie nie hier gewesen.

3

du liest in alten karten. das grün der innenhöfe, als
hätte es jemand dort vergessen. die stadt ein herz mit vielen
kammern, von denen straßen wie adern fliehen.
dabei hast du menschen verachtet, die in städten leben,
die es nicht mehr gibt. nun bist du selbst einem feld
gewichen, das offen liegt.

4

wenn jemand fragt, sagst du, im osten ein fluss
wie ein haarschopf, aus dem strähnen fließen.
im westen ein rand. du gehst leise. trägst
einen stadtplan in deinem rücken. vernarbtes
gelände. die steinstufen bis in den schutt,
wo du dich einst verloren hast,
als die stadt noch eine andere war,
unter spitzbogen, schräg einfallendem licht,
laternen, die tags brennen und nachts erloschen sind.

5

du hast nur einen atem, also spar ihn dir auf.

6

womit du dich belügst: einmal werden wir uns wiedersehen
wie geister. wir werden die stadt zusammentragen, die detonation
rückwärts lesen. aus sieben kontinenten werden
wir sie zusammensetzen. wir werden uns wiedersehen
als geister.

regen, regen

1

die falter verlieren ihre flügel im flug,
dabei brennt es nicht mal. die kirschbäume
verlieren ihre blüten, dabei geht nicht einmal
wind. trotzdem steht die sonne im zenit.
trotzdem ist es kalt. die tage verlieren ihre
ränder. im westen stürzt das licht.
du hast nichts mehr zu verlieren außer deinen
eigenen schatten.

2

du nimmst den krähen den ton aus dem mund,
damit du sprechen kannst. du bist keiner geographie
verpflichtet, nicht zedern, nicht zypressen.
niemand soll dir in deine glyphen spucken, die du
in die trockene erde scharrst, damit sie bei der
nächsten regung davonfliegen. dies ist dein
alphabet. es muss dir reichen.

3

auf jedem foto siehst du dein gesicht, das nicht wusste,
was es zehn jahre später gesehen haben sollte.
auf jedem foto siehst du das gesicht deiner cousine, das zehn jahre
später gealtert sein sollte.
auf jedem foto siehst du die olivenbäume, die zehn jahre
später verbrannt sein sollten.
auf jedem foto siehst du die häuser, die zehn jahre
später zerbombt sein sollten.
auf jedem foto siehst du deine großmutter, die zehn jahre
später ihren verstand verloren haben sollte.
auf jedem foto siehst du dein gesicht, das sich selbst
zehn jahre später nicht mehr erkennen sollte.
auf jedem foto siehst du dein versprechen, das du
zehn jahre später gebrochen haben solltest.

4

du schreibst auf, was du in rotbuchen liest.
eines tages gehst du in den krieg und bringst
deiner großmutter ihren verstand zurück. deine
schritte rutschen davon, beim sprechen auf
nasser erde. die wahrheit ist das gegenteil
von regen. dies ist kein rätsel. es kann
sich selbst nicht lösen. dies ist nur nasses
stroh, das du dir borgst von einem fremden,
der deinen namen nicht kennt.

5

was du in rotbuchen liest, ist bestenfalls
ein zweizeiler, der seinen himmel unter
der erde trägt.

6

die wahrheit ist: ein see, eingetrübt, eingefroren.
das sprechen gegen den regen. das sprechen
mit der hand gegen den regen. als ob jemand
klopfte. die wahrheit ist: eine hand, die ein
foto hält. die wahrheit ist: eine hand.

wer ruft abends die hühner ins haus, wenn du gehst

1

du hast eine abmachung mit den
disteln, du hast den ackerwinden versprochen,
dem klatschmohn, den kletten.
du wirst die holzwolle nicht verraten,
nicht die tauben auf dem dach.
die hunde, die heiser bellen.
was sie gesehen haben, wird
ihnen keiner glauben. nur du trägst
ihren blick in den fremden staub,
in die ränder großer städte.

2

abends ist die luft aus glas.
die stromkabel von hausdach zu hausdach,
als hätte jemand das dorf zusammen
genäht, damit es nicht auseinanderbricht
wie deine losen sätze, wenn du das
fenster öffnest und sich die
gardine aufbauscht, als würde sie etwas
verbergen, doch es ist nur wind.

3

in deinen lidern hängt die angst
wie ein zausiger truthahn,
der durch den hof schlottert und
aus hungriger kehle schreit.

4

der tag, an dem deine kuh zu viel
wasser trank und starb.
der tag, an dem der knoblauch in der
sonne vertrocknete.
der tag, an dem du die melonen geerntet hast.
der tag, an dem dir deine katze mäuse
brachte.
der tag, an dem die wolken dicke bäuche
hatten.
der tag, an dem die soldaten kamen.
der tag, an dem du gingst.

jeden montag beginnst du aufs neue zu vergessen

es ist noch zu erkennen, was einmal ein dorf
war. heruntergebrochen auf mauern und steine:
die schule, der friedhof, die nachbarn, dein haus.
dazwischen verkrautet, was einmal ein garten
war. während du von rotföhren sprichst, als gingest
du wieder die straße zwischen zwei bergen entlang.
der schatten von haselblättern auf dem gesicht
deiner schwester, als streutest du doppelsamen aus,
sonnenröschen, und benenntest diese landschaft.
am anfang siehst du das ende und am ende
einen dreibeinigen hund, der dir folgt und bellt und
bellt und folgt. das alphabet schreibst du bis zur mitte,
nach n kommen die soldaten.
wenn du von trauerrosen sprichst, haben deine wörter
eine kante, die wie fels von den hängen bricht.
beim sprechen schluckst du, suchst in steppen zart wurzelnde
flechten, den linken ohrring deiner schwester.

was du von hier aus sehen kannst

morgens steht eine frau vor dem haus und wartet.
mittags sitzt sie im schatten der mauer.
abends hängt sie die wäsche ab. alle vierzehn
tage wechseln die soldaten ihre posten. die soldaten
stehen auf einer anhöhe und werfen zigaretten hinab,
die verglühen noch in der luft. morgens sitzt ein
mädchen vor dem spiegel, kämmt ihr haar mit einem gelben
plastikkamm. du stehst auf der straße. der melonenfahrer
hat gerufen. du stehst im schatten eines hauses,
morgens. wo der bus hält, wartest du. niemand steigt
aus. alle vierzehn tage wechseln die soldaten ihre
posten. die frau geht ins haus und ruft nach dem
mädchen. der name einer fiebrigen blume hallt
durch das haus, in der straße kommt er
unter die räder des melonenfahrers.
niemand hat gerufen.
die soldaten wechseln ihre posten. als hielte
sie wache, steht das mädchen auf einer treppe,
stützt die arme auf die mauer. die straße ist leer. im
schatten der mauer steht ein besen. die frau zieht
das mädchen an den haaren ins haus. draußen schleicht eine
katze über die straße, beißt in eine plastiktüte.
jemand bewirft die katze mit steinen. die steine treffen
den asphalt, die katze sitzt auf einer
mauer und ist schon verschwunden. morgens
steht eine frau vor dem haus und wartet.

3

was nicht in den akten steht

babylon

zitronensträucher hast du verlassen.
die weiß gestrichene tür deines hauses.
das fenster zum hof, wo du eben noch saßt.
den rücken deiner mutter, den rücken
deiner schwester, ihren rock, der sich im licht verfing.
als könntest du fassen, was du siehst.
eisenkraut, das zum trocknen hängt,
kopfüber in einer dunklen kammer unter
brandziegeln, wo alles begraben liegt,
was du nie geschrieben hast. briefe für die erde.
die wahrheit ist, als wären keine vierzig jahre vergangen.
in dieser stadt musst du alles vergessen.
sogar deinen namen legt man dir anders aus.
du stehst an straßen, als wartetest du.
die wahrheit ist: du wartest immer,
auch wenn du gehst. der weg zur arbeit,
der weg von der arbeit nach hause.
du siehst im fernsehen den oktober, wenn
die luft den staub, der staub das licht verschluckt.
thymian trägt deinen namen, zwittrig wie deine
schritte, trägt blüten, im mai. noch hast du einen koffer.
die wahrheit ist: noch immer hast du
einen koffer. du gehst, wie jeder geht. der schatten,
der von den mauern fällt. vier uhr nachmittags,
du fragst nicht. was übrig bleibt, überblendet,
unter deinem blick verwischt. die arbeit von jahren.
deine feigen pflückt eine andere hand. deine oliven
isst ein anderer mund. ein anderer sitzt unter dem fenster

deines hauses. die wahrheit ist: wirf deinen koffer in den fluss,
du kehrst nicht zurück, bloß nachts immer, als wären
keine vierzig jahre vergangen. die wahrheit ist
das foto deines ermordeten freundes.

die familien sind fortgezogen. unser fleisch haben gefressen mäuse und schlangen. oh, meine verrückte

du hast gezögert, dann war es zu spät. du hast
myrtenkränze gebunden. die stadt war schon zerstört.
du riefst nach ihr im schlaf. der tag, an dem du deine mutter
das letzte mal gesehen hast. was keinen morgen hat.
von deinem kissen aus, dorniges gestrüpp, das schlucken der
brunnenpumpe. im wasser ist gift. beim aufwachen
das zornige licht. eben warst du noch in babylon.
eben noch hast du gesehen, was niemand
sah, ist ein mondgott in seinem boot über den
himmel gefahren, und dort, wo die stadt sein wird,
warf er seinen namen ab wie einen anker.
sin. und nachts flutet heute noch das
silberne licht, als riefe es seinen alten namen,
durch die straßen, wo du das ende sahst. im kino
der opfer die hand einer frau an dem türrahmen
ihres hauses, eine frau im weißen kleid, an der
schwelle ihres hauses, als wolle sie eintreten,
wo trümmer sind. so weit hast du gesehen,
die frau war jung, aber ihr gesicht ist alt. siehst du noch
die straße vor dem markt, das eingestürzte dach des
hauses, das ein kino war. es verfängt sich in schlehen
alles, was du weißt. und wusstest. wo du standest, steht rosmarin.
wo du wachtest, wächst myrte. die sprache, die du eben noch sprachst,
ist zu keilen zerfallen. du fragst dich und das schlangenkraut,
das der wind nur zufällig streift, wer bist du an einem
anderen ort.

und wände bemalt in rot, weiß, schwarz und lapislazuliblau

wo niemand auf dich wartet, nur diese erde, diese
landschaft aus karst. zwischen dämmer und dunst
ein see, der einmal ein fluss war, womit du nicht mehr
rechnest. die abklingende hitze eines donnerstagnachmittags
im august. vom jenseitigen ufer glimmt es, von wo sie herüber
schossen, vor vier jahren, dort vermutest du häuser. doch das
wasser ist nur eine schmale grenze zwischen dorf und grab,
zwischen sand und sinken. was die dürre freigibt, ist
zurücktretendes ufer, ist bestenfalls ein palast.
ist diese erhebung aus dem boden, diese anhäufung von
schutt. die erde kann man lesen, zehn tafeln keilschrift,
acht kammern luft.
du fliehst in frühzeit. doch der tigris geht schwinden. und
du fürchtest, die wände könnten nicht standhalten dem
gewicht des wassers, diesen tonnen von beton,
dabei ist dieses trockene land immer eines kurz vorm
ertrinken, seit jahren prophezeit man die flut.
auf welche berge würdest du dich retten. welchen
fährmann würdest du rufen. aus lautsprechern donnert
musik, motorboote schlagen wellen auf,
ein leerer himmel, aber heute ist mond.

deinen zopf hast du abgeworfen wie die echse ihren schwanz

was du den bergen zurufst, schluckt das weiß – die
abhänge haben dich verraten –, während du talwärts
gehst, während du gehst. all die weißwäsche, die
zwischen den häusern hängt. als könnte die landschaft
vergessen, wer sie ist.
dabei ist hier nichts zu holen, nur schnee.
zaunwinden sind gebrochen, an den kämmen.
was abfällt vom gebirge, stürzt in muren, du hinterher.
du gehörst den felsen. du gehörst den bächen, den gefrorenen,
dem eis. sie geben dir deinen namen. du gehst, solange die winden
blüten tragen. von den wänden hallt es. es ist deine
schwester im tal, die nach dir schreit.
du wartest auf verwerfungen, auf alle bergzeitalter
bis zum meer. was nach dir greift, bevor du
dich umdrehst –
als könntest du noch einmal neu beginnen, rufst du
den bergen zu, schluckt dich das weiß.

wäre das ein tal, stündest du mit dem gesicht zur wand

was diese landschaft von dir weiß. nur dein
haus steht noch. von oben hast du das ende
gesehen. jemand hat es gefilmt. jemand ist
gerannt. jemand gegangen. jemand lag im
gras. was diese landschaft nicht verrät,
schweigt sich in ihr aus.
wie steine, an denen die stürme brechen.
wie wegmarken, an denen du dich verirrst.
du schneidest buchen. in einer anderen stadt
gehst du wie in einem anderen leben. dein haus
steht noch. die haselsträucher warten auf dich,
fächern ihre blätter auf in licht und luft.
jeder film zeigt dasselbe ende. jemand hat
geschossen. jemand deinen namen gerufen.
du warst nicht gemeint. die stadt von oben.
wo einmal straßen waren, wo du gegangen
bist, wo du gingest, gäbe es sie noch.
was du weißt: unter der erde sind städte, die
du nicht beim namen kennst. was zu grunde
geht, dem geräusch nach putz, glas, stein,
und dich verstehen lässt, du solltest gehen.

wer sind wir an einem anderen ort

der tag, an dem die berge schnee trugen, wie
eine antwort auf die frage von weiß. was sie
verbargen, waren die verwehungen deiner schritte. du
verziehst nichts. der tag, an dem ein mann schreiend
vom berg kam, so dass nachts noch leuchtete, was
nach dir griff, im vorübergehen, und als du dich umdrehtest,
war da nur wind.
deine verkarstete stimme. wovon du sprichst,
wenn du geröll meinst, was nach dir ruft, wenn du
fort bist. was die erde schluckt, spricht in siebentausend
zungen. die straße von osten nach westen. die straße zwischen
zwei städten. diese tausend jahre alte straße, über die
lkws in die wüste fuhren, bunt bemalt wie opferstiere.
was du meinst, wenn du a sagst. wonach du rufst,
im schlaf.

wer den schnee kennt, weiß vom gewicht der landschaft

am prüfstein misst du die zeit, die man
dir entwendet hat. rufst nach vier jahren so,
als könntest du sie zurückholen. hier aber ist
ein fluss. da ist die grenze. da ist ein stapel
kleidung, den tragen die toten. da ist ein boot.
da sind seine hölzernen flanken. da ist der
himmel, in dem sich das wasser spiegelt. da ist
das ende, es gehört jemand anderem. da ist
die versenkung im sand, wo du geplündert hast.
das ist deine ferge. sie trägt das haar deiner
schwester. in der farbe von basalt misst
du die jahre, immer sind es zu wenig. bevor es leuchtet,
an ufern nachts. um zu passieren, musst du zahlen.
um zu zahlen, musst du zählen. was verfließt,
im umland, in baumwolle, verwässert die felder.
deine müden hände, als pflückten sie schnee.
was sich erübrigt, sind steine, schiefer, du.

der besiegte wurde getötet und sein kopf dem sieger überbracht

was zart wurzelt im hochland zwischen dornen und
disteln, dass sie dich hier nicht finden, in dieser wüste
aus lava und stein. was du begraben hast, ruft nach dir.
die straße von osten bis zum meer.
was von hier kommt, quillt, sickert, tränkt. das bisschen
stroh und palmengrün kann sich nicht verstecken.
was der wind aufwirft zwischen zwei bergketten, eine
frage von witterung. du musst jetzt stillhalten.
dieser garten hat sich verraten.
wo man dich weckte, war sonnenaufgang, hast
du den steinen versprochen wiederzukommen,
dem gipskraut, den schafgarben.
wo sich das licht über den fels ergießt, über der
stadt an den mauern, zwischen torbogen und tempel.
du bist zu spät, die säulen schon gesprengt, der alte löwe
längst geschlachtet.

was nicht in den akten steht

du trägst in plastiktüten plastikflaschen,
das gewicht der landschaft, es ist basalt,
das wasser bis zum fluss, was hinweht,
an kahlen felsen. du schaust nicht zurück,
was hinter dir liegt, holt dich ein, doch bist
du schon weiter. im tal thymian und wehmut.
was du hinüberträgst, das gewicht von
zedern. unter blauen wolken, was dich
rettet, ist auch dein verderben. eine kahnfahrt.
ans andere ufer, portulak, blüten wie wunden.
was dahingeht in rauch und wind.
die erinnerung der vögel an sich
selbst, sie ist ihr graues gefieder. du gehst,
den sturz in abrede, aber im schlaf.
und die frage: wie viel kannst du
zahlen. und: wer hat dich verraten.

du zählst die schüsse, die niemand hier feuert, dann ist es still

du hast die wege gut eingeübt, die pflaster,
die fugen, die stelen. damit dir nichts verloren geht, auch
beim sprechen. damit niemand sieht, wer du
gewesen bist, in einem jenseitigen garten. wo
es knospt und sprießt, singst du gegen die berge,
den wind. trägst die angst wie eine laterne. sie
soll dir leuchten. aber im tal schon hast du
dich verloren. ein feigenbaum, ein haselstrauch,
ein fluss. was tag ruft und nacht meint,
was wasser ist wie tinte. du gehst, gemessen am
weg, immer nach hause. in dieser stadt halten deine
schritte die straßen zusammen.

als du vom berg kommst, trägst du die last der wolken

die hunde, die nach dir bellen, als wollten
sie dich zurückrufen. da bist du längst weiter,
hast die ausläufer der berge hinter dir gelassen und
hörst sie noch im schlaf.
was du dir abringst, von den farnen, streicht wie
ein flüstern durchs gesträuch. eben rief man
dich noch, deinen alten namen. eben war da noch
tau, war da noch reif. was wie milch in den blüten
hängt, mit den jahren zerrinnt.
als du gegangen bist, haben dich die fenster der häuser
angesehen mit den augen der nachbarn, und sehen dich
noch im schlaf.
du misst die länge deiner haare an der länge
einer straße, als du gehst, und die straße ist die
einzige länge, die du kennst. was sich zwischen
deine schritte schiebt, ist das knattern von motoren,
gummi auf asphalt. in dieser stadt schwimmt das
leuchten in den pfützen, streunst du mit den hunden,
als wolltest du dich zurückrufen. was abfällt hinter dem
regen, müde müde, lichtet der himmel, die nacht.

im juni brennen die felder

du suchst, was nicht mehr zu
finden ist. in diesem land, das sich von
checkpoint zu checkpoint erstreckt.
dein kopf, der auf das polster sackt, dein
schlaf wie diese gleise, die sich in der wüste
verlieren. ka-dingir-ra, als hättest du es dir
eben ausgedacht, als du nicht mehr weißt,
wie lange du schon gefahren bist,
wie ein zug, den du schon von weitem siehst,
die kleinen schwarzen fenster, gesichter,
hände, winken und taschentücher, die
der fahrtwind nimmt. wie das wasser
auf der straße, das verschwindet, wenn
du näher kommst. und der soldat, der dich
an der grenze weckt, und wenn du
versehentlich die falsche sprache sprichst.

leise, leise

die hunde tragen ihr fell in lumpen,
niemand kommt sie suchen. unter den
fenstern blüht die minze. die bäume beugen
sich dem wind. alles, was du siehst, ist leise.
eine frau trägt die wäsche aus dem haus.
das waschpulver trägt der wind in den hof.
mittags riecht die stadt wie lilien.
was abfällt von den bäumen, sind blüten, und
regen fällt in staub.
in den augen der hunde siehst du das
elend des landes, sie tragen den blick der frauen
auf die straße, verscharren ihn im wind.
alles, was du siehst, ist gelogen. dein
hemd hängt auf der leine zwischen baum und
wand. es bauscht sich im wind. es hat eine dünne
farbe wie minze.
im fenster siehst du dein gesicht in blüten
und spitzen, in der sonne siehst du weiß wie putz.
die hunde kriechen in den straßen,
die soldaten schießen auf plastiktüten,
die hunde bellen heiser in den sand.
niemand kommt sie rufen. was in fetzen
liegt, ist fell, plastik, dieses müde müde land.
du trägst deinen blick ins weite.
deine schritte kennen den weg zur straße,
deine hände die mauer vor dem haus.
alles, was dir bleibt, ist ein licht aus seide,
das so dünn ist, dass es reißt.

wer von deinen nachbarn wird dich als erstes verraten

das licht franst zu allen seiten, wie ein
tuch, das an den rändern fäden verliert.
du gehst. in den fenstern steht die sonne, die
wände sehen dich an. in den vorhängen verfängt
sich dein blick, in den wolken grobmaschig
der tag. auf den stufen vor dem haus leckt
die katze sich das blut von den pfoten. du wirst
nicht warten, nimmst zwei stufen auf einmal.
du fragst dich immer, gemessen an einem anderen
leben, wie hoch die feigen noch wachsen, ehe du
gehst.
im wasser ist dein gesicht trüb geworden.
in der spüle das metall. in der küche der blick
in den hof. die uhr ist vor ihrem
ticken erschrocken und verstummt,
nur du zögerst noch. siehst die katze schleichen,
an der mauer entlang, in der rosenhecke verschwinden.
siehst die stufen vor dem haus, auf denen der schatten
liegt wie ein teppich. siehst den teppich auf den stufen,
auf dem ein toter vogel liegt, als hätte er sich
verflogen.

damit die bäume nicht vergessen, was sie gesehen haben

wonach du suchst, ist
leise. eine landschaft, in der das
geröll sich verliert. ein haus, aus dem feuer
schlägt. ein vorhang aus polyester, spitzen
rosenranken, weiß, der falten wirft im wind.
ein holzverschlag zwischen maulbeeren, tauben.
was fliegt und stürzt, ins grau.
es war märz. und kommt nicht wieder.
du hast den himmel abgesucht, die felsen
wie die tauben. ihr zerschossenes gefieder
unter quitten und mandeln, im abhang,
ein zusammengefaltetes dorf.
wonach du suchst, wie nach einem taschentuch,
weiße blüten, deine wunden.
zwischen hügel und hof, wo du es verloren
hast. das schreibst du ins holz.

und wird man dich auch ein zweites mal noch verraten

die rebhühner rufen nach dir. sie haben
nichts verziehen. in ihren schnäbeln klaffen
spitze schreie. sie suchen dich. lauern
schwarzäugig wie die nacht in leeren
höfen. und recken die hälse, als wollten sie dich
warnen. was sich in mandelbäumen erschöpft,
was im moos versickert, was du
der erde versprichst, was du besingst,
was du beweinst. in der straße hängen wie
lampenschirme die mücken, falter,
die fliegen schwärmen ums licht. wo du stehst,
ist stein. was dir bleibt, ist kein land, nur immer
diese wunde.

könntest du noch einmal zurückkehren, was würdest du mitnehmen

ein getrocknetes brot, ein paar kressesamen,
den topf, mit dem du den regen aufgefangen
hast, der durch das dach sickerte in den hühnerstall,
den löffel, mit dem du die kätzchen
gefüttert hast, bis sie groß genug waren,
um mäuse zu fangen. die kissen, die deine
mutter bestickte, mit kaiserkronen und ranken,
den türrahmen, in dessen lack du deinen namen
geritzt hast, mit einem nagel, in der langeweile eines
nachmittags im august, den gesprungenen spiegel über
dem waschbecken an der mauer hinter der küche,
das kaputte radio, das du lange schon reparieren
wolltest, die gaslaterne, unter der du gelesen hast, wenn
der strom ausfiel, den haken hinter der tür,
an dem dein mantel hing. die knochen deines
bruders vom friedhof auf dem hügel, der
schon gestorben war, als du geboren wurdest.
den stein, den du gegen die schulhofmauer
geschleudert hast, aus wut über etwas, an das du
dich nicht mehr erinnern kannst.
das stickgarn deiner mutter, die tabakdose deines
vaters, die haarbürste deiner schwester,
die seife im bad, den besen in der kammer,
die verloschene glut im ofen, das wasser im
kanister. die teekanne mit der beule im
bauch, das tablett mit den rosenblüten,
die verklebte zuckerdose, die kleinen teegläser,
ihre untertassen, die teppiche, auf denen

du gesessen hast, die decke, unter der du
geschlafen hast, die jacke, die du getragen
hast, das beet, das du umgegraben hast, die spitzhacke
aus dem schuppen, die bienen in den kästen, die mandelbäume,
die orangenbäume, die granatapfelbäume, die tabakpflanzen
auch. das fliegengitter in den fenstern, das an den rändern
ausfranst, die abgenutzte klinge der wohnzimmertür,
das licht, das auf die wände fällt am nachmittag,
den rauen putz der mauer, die frisch
gestrichene hausfassade, das aufgeschlagene buch.

wenn die soldaten kommen, wohin rennst du, wenn der mais schon abgeerntet ist

in die leeren felder, in die ackerfurchen,
in den hühnerstall, unters stroh,
in die aprikosenbäume, in die äste,
in die blätter, zu den vögeln in
den taubenschlag. was du wie einen
film erzählst, den du gesehen hast,
bloß niemand filmte. was dir abhanden
kam, an diesem vormittag im september.
was seine spuren hinterließ, wie das profil
der reifen in der erde, die stiefel der soldaten,
die deinen bruder mitnahmen, deinen vater, an
diesem tag, so unverändert blau und
an den rändern eingestaubt.
mittags kamst du schon hervorgekrochen.
im kino der opfer sehen wir unser dorf,
wir sehen unser haus,
unseren hof, unseren garten, den
weg zur straße, wir sehen die strommasten,
die lkws, die ölpumpen, die
berge, die grenze.
abends kehrten die hühner zurück in den stall.
sie scharrten mit den krallen im stroh.

4

was dir bleibt, ist diese wunde

dann bist du in die hitze gekippt. unter dir war dunst und über dir das dach deines hauses

bevor dich einholt, was du nicht erklären kannst,
lauf! die strecke zwischen zwei dörfern, was auf
schulheftränder passt. der abstand von zwei tagen,
du zeichnest rosenranken, trauerweiden. einen
teppich aus staub. was durch den himmel
schneidet, kannst du nicht sehen, auch nicht,
was im gebüsch lauert, in den sträuchern, in
den feldern, nachts.
die generalin, die für ihre mädchen singt.
die mädchen, die knien, die gewehre im anschlag.
eine hat die angst verloren, eine den bruder,
eine trägt den frühling im namen, eine den sommer und
eine den namen deiner schwester.
hinter sandsäcken, auf einer anhöhe.
in dieser zerschossenen landschaft sucht dich
die weite.

das wagenrad, der wegesrand

könntest du lesen, was geschrieben
wurde, in einer sprache, die ihre
spuren hinterlässt wie krallen im staub,
minuten wie jahrtausende, die der wind
zusammenfegt. deine hühner im hof, sie rennen,
als die gräser zittern, die schüsse
im wasser, der himmel ein selbst
vergessenes blau. das mottenweiß,
das du herbeisehnst, wie papier, um
endlich wieder schweigen zu können.
hier steht alles geschrieben, was
auseinanderstiebt, was bleibt.
was deine hand zusammenhält, ein
stickmuster, als ob ein huhn durch
die wüste ginge und du ihm hinterher. und
du aufgeschrieben hättest die sonne, den mond,
die kaiserkrone, den in die felder blutenden mohn.

öldistel, kurkuma, walnuss, indigo

im teppichmuseum, fast zuhause, ein
kelimfragment, die tulpen fasern aus.
die krokusse, die blüten.
was deine hand zusammenhält, ein stich,
ein stechen. diese klimatisierte stille,
die jahrhunderte schluckt, eingewoben
in garn tinte faden, bis jemand kommt,
die knoten zu lösen, und erzählt. die skorpione
auf deiner haut, unter deinen lippen die
sonne. du liest in der erde die pflanzen,
in der spindel das garn, in deinem gesicht
die tätowierung.
sieben sommer hast du geweint, disteln
gepflückt, schafe geschoren. du hast
alle deine teppiche zurückgelassen, in
der fremde bist du die fremde.
ausfransende berge hast du geknüpft,
in eichengalle, färberröte, safran, wo
du gehst wie zwischen bäumen in deinem garten.

die hunde erkennen dich an deinen schritten und bellen nicht

was man dir erzählt hat, siehst du.
du sattelst die vögel, nimmst das
moos vom dach. es regnet sich ein.
du kannst diese stadt nur einmal verlassen.
die pfingstrosen fasern aus. und krokusse,
als könntest du von ihnen trinken,
schreibst du, die walnussbäume sollen einst
von mir erzählen, und bis dahin zählst du
die balken unterm dach, die fliegen auf dem obst,
die hühner im stall.
vor dem haus steht der himmel in pfützen.
vor der stadt steht das ende in kasernen.
vor der tür deine schuhe.
im fernsehen siehst du einen mann, der trägt
das alter der berge in seinem blick.
wenn er geht, ruft ihn der wind.

staatenlos bin ich gekommen, staatenlos bin ich gegangen

alles hast du gesehen, ohne dass du
es beim namen kennst, ohne dass du lesen
kannst, was in wasserzeichen steht.
die koordinaten deines hauses, eine lochstickerei,
ein papier wie ein taschentuch.
worauf du dich setzt, wenn du müde
bist, deinen kopf bettest, wenn du schläfst,
was du absteckst in diesem niemandsland.
die strecke, die man dir schuldig ist.
das gilbkraut am straßenrand,
der gallapfel in deiner tasche.
du hast nichts verziehen und bist
so weit gelaufen, dass du nicht mehr
zählen kannst, was hinter dir liegt.
die lkws in der wüste, die soldaten
in den bergen, die katze auf dem dach.
einst waren wir dort zusammen, in dieser
stadt zwischen fluss und fluss. die straßen
wie ein knäuel aus konten und fäden,
dass du nicht mehr sagen kannst,
wen hat man als erstes fortgejagt.

ein höchst minderwertiges dokument von kränklich grüner farbe

du wirst auch ein zweites mal noch
vergessen, wer du warst.
in diesem spärlichen grün, das man
kaum eine wiese nennt, zwischen dem
einen land und dem anderen. wo das
gras sich ausdünnt zum himmel hin.
und dazwischen eine straße.
nichts kennst du besser als das.
du hast die jahre gezählt wie staubfliegen
auf dem fensterbrett. abgetragene
häuser, wohnungen bis auf weiteres.
nichts, was du zurückgeben kannst,
nur dieses papier. was dich bezeugt
sind deine schuhe, dein koffer, dein mantel.
in dieser stadt kannst du nicht bleiben,
dabei bist du schon immer hier.

was dir bleibt, ist eine wunde, die so schön ist, dass du weinst

auf jedem foto dieses grau braun grau,
die braut versinkt knöcheltief in trommeln und
trillern. es ist märz. du bist nicht dort. die braut
trägt ein rosa auf ihren lippen und schweigt.
du streust anemonen aus. für jedes jahr eine.
nie sollen diese blüten heilen. das bist du
schuldig, dem staub, dem lehm, den ziegeln.
deinem haus, dem dorf.
wenn du vergisst, sollen sie kommen,
weinen. im märz, wenn es regnet, bluten die
kirschen aus. im märz, wenn es regnet, regnet.

wer trocknet die teppiche im hof. wer füttert die tauben. wer ruft dich, wenn du gehst

leberblümchen, deine müden augen,
stift öllampe papier. unterm mückenschwarm.
was du geschrieben hast,
hast du begraben. die roten stellen
auf deinem handrücken, ein schlag für jedes wort
in deiner sprache. der handrücken deiner sprache.
die anemonen hast du geschluckt. die blausterne,
windröschen, veilchen. die flagge im schulhof,
die lüge am morgen. was in den himmel weht, fahnenappell.
militärparade, der schnurrbart des präsidenten.
du hast nicht gerufen. dein feigenbaum, dein färber-wau.
dein fenchelstrauch. alle tauben schweigen.
an ort und stelle, dein dorf, dein weiler, deine weile.
du hast kein vaterland, du hast nur diesen garten.

als du dich auf der straße umdrehtest, weil du dachtest, jemand riefe deinen namen

auf dem weg vom gemüsemarkt nach hause,
donnerstagnachmittag. die plastikschlappen,
die auf asphalt klatschen. als würde dir folgen,
was du nicht abschütteln kannst, ein hinken.
du gehst immer ein wenig zu schnell, eine
angewohnheit der angst. als könntest du sie
täuschen, mit deinem klappern im beutel,
die leeren glasflaschen, dabei lockst du
sie nur an. sie kommt wie ein kranker vogel trinken,
im hof, wie ein schwarzer truthahn, der schreit,
wenn die gänse schweigen. was du ihr schuldig
bist. du fütterst sie mit weizen.

obwohl du weißt, dass die nacht in der frühe am einsamsten ist

unter lichteinfall, lose, siehst du
mauern, häuser, wände, in granit
und vulkangestein. du siehst vom fenster aus
die fahrräder und mülltonnen im hof.
diese gallengrünen bäume, die du nicht beim
namen kennst, ihre äste wiegen den wind.
was du dir schuldig bleibst, meine granatapfelblüte.
diese dünne haut auf der milch, wie ein morgen,
an dem du nicht mehr zu hoffen wagst.
deine wohnung im dritten stock, diese selbst
vergessene stadt. wo der bus kommt, auf
den niemand wartet. wo du sätze schreibst,
die du nie zu ende führst.
wo man dir die post aus dem briefkasten stiehlt,
aus dem hausflur deine schuhe.
auf der straße bellt ein hund.
du neidest ihm jeden befehl, jedes kauern,
jeden knochen. du schließt die fenster.
du kehrst nicht zurück. von bitterbäumen
pflückst du früchte, weil du weißt, dass
sie giftig sind.

in der angst sitzt ein huhn und reißt sich die federn aus

eine hofleere in deinem kopf,
in der ein hund bellt, in der der
nachrichtensprecher spricht, in
der ein fußball gegen die hausmauer
schlägt, in der das wasser in der kanne
kocht, in der die nachbarskatze schreit.
in der du dich setzt und wieder aufstehst,
in der du die zigaretten suchst, in der
du sie findest, in der der fußball gegen dein
fenster schlägt und das glas bebt, aber nicht
bricht. in der du dein feuerzeug nicht findest
und die zigarette am herd anzündest, in der du
das fenster öffnest, in der du dich aufs fensterbrett
setzt und rauchst.

das zimmer

diese steine sind nichts, was du
erzählen kannst. du findest sie wieder
im pflaster, in den mauern der vorgärten,
den kacheln der fassaden.
alles sieht dich an. du vertraust den espen
nicht, den eichen. du fürchtest schwarzerlen,
und was man dir nachsagt, wenn du gehst.
dass du dich umdrehst, als ob dir jemand
folgt, doch dann ist da nichts, nur eine
alte dame mit hund. zwischen thujahecke
und haus. wovon diese gegend nicht weiß,
du trägst die angst wie einen mantel.
von der tankstelle zur bäckerei, wo die
dämmerung in den himmel bricht.
die katzen verlassen ihre posten. nur dir
lauert noch auf: ein zimmer, eine lampe,
ein stuhl, der offizier, sein knüppel und du.

dort lassen wir zurück, was uns zu frauen macht, und werden zu menschen

zwischen diesen haushohen felsen
die nattern, deine freunde, die berge.
du trägst das gewicht deines zopfes im
nacken. die gewohnheit, die deinen blick
nach unten zieht wie steine. im tal hängen
die nebel. du willst nicht zurück. was du
sagst, während du schweigst.
während der helikopter durch den himmel
schrappt. und du dich im unterholz verkriechst,
zu mulch wirst, zu rinde. und dornginster,
dass sie dich nicht finden, das moos an der
unterseite der hänge.
du hast deinen zopf abgeschnitten und musst
das laufen neu lernen. das gleichgewicht deiner
schritte, immer geradeaus, aber hier ist kein
grund.

alles, was du sagen willst, passt in diesen raum

einen bodensatz zucker, der zurück
bleibt im glas, wenn du ausgetrunken hast.
eine linkshändige frau mit einer narbe auf dem
handrücken wie ein pfeil, als würde er auf das deuten,
was sie nicht sagt.
du bist gekommen, um zu notieren: die wände,
mörtel, ziegel und zement, ein haus
ohne haut, und fenster aus plastikplanen,
die aufklaffen im wind.
das klirren von löffeln im glas, das geräusch
von nackten füßen auf beton. der saum
eines kleides, der über den boden streicht.
du schaltest das aufnahmegerät aus.
du bist deinen mördern nichts schuldig,
auch wenn du davongekommen bist.
die narbe bewegt sich mit der hand,
wenn sie spricht und schweigt,
sich eine strähne aus dem gesicht hinter das
ohr streicht oder der pfeil sich im haar verfängt.

du zeichnest die karte der dörfer in eine landschaft aus staub

ein erdwall, der wie eine narbe in
die felder zeigt, sandsäcke, eine
mauer. du zählst das ende. wer hat
diese flüsse umgeleitet und wie sind
diese brennenden bäume zu verstehen.
du gehst abseits der straßen, trägst, was
du gesehen hast, in deinem blick.
die berge, die felsen, die steine,
was in rauch aufgeht und bleibt.
was dir diese sprache schuldet,
ein wort, ein satz, wovon du weißt.
abends verstummen die hühner im hof.
komm zurück, wenn es dunkel ist,
damit du keine schatten an den
hauswänden hinterlässt.

wer hat mauern geschleift, tempel geplündert, statuen geschmolzen

du sprichst von den rändern. vom
wasser, das über das ufer tritt. von
der grenze, in der sich das land verliert.
in den feldern steht die baumwolle.
wer hier lebte, kam nicht wieder. die
kahlen stellen im garten, siehst du,
blühender beton. eine frau geht durch
die straße und schreit.
unter diesem himmel kauert sich
die landschaft. eine eingezäunte
stadt siehst du, zelte, zelte, zelte.
du siehst häuser, deren dächer sich
zur erde neigen, und im norden
abgebrannte wälder.
du kannst nicht umkehren.
im autofenster spiegeln sich die
pfeiler, eine brücke, auf der männer
tomaten verkaufen.

und war zwei jahrhunderte später schon vergessen

dieses land gehört dir nicht,
es gehört den schafen und den
wolken. es gehört der gerste, dem
weizen, der dattelpalme. es gehört
den steinen, den steinen.
du gehst über versalzenen boden.
alles, was du siehst, ist weite,
die im ton ihre spuren hinterlässt,
wie hühnerkrallen, keile.
du hast zu dünnen blechen ausgeschlagen,
du hast glas gegossen, und gefeilt.
du bist mit dem lkw in den osten
gefahren, kamst wieder mit plastik
beladen, mit polyester. du liest das profil
der reifen im schlamm, das profil deiner
schuhe im staub, wie vorboten, du liest
die sterne, liest den flug der vögel, in
toten tieren liest du. womit nicht zu rechnen ist,
was kommt.
du verlässt dich auf zählsteine, auf
alabaster. was auf zerbrochenen
tafeln steht, am straßenrand, die verlassenen
säulen, die landschaft in beton, in gips,
in stein.

tell

du hast alles ausgezählt, kalkstein,
bitumen, ton. was diese landschaft
hergibt. die zusammenfassung
deines gartens. wonach du suchst,
liegt in der erde, dein dorf, der hügel,
dein zwischenstromland. die geschichtete
stadt. solange der xabûr noch fließt.
solange diese felder noch tragen.
in tontafeln ist vermerkt, was du nicht
lesen kannst, ziegel aus lehm, häcksel
und wasser. was darunter liegt, ist
geschichtete zeit. *wir alle sind hier*
gewesen. zwischen kies, karst und
holz. was du in den stein schreibst,
nimmt die witterung. was du gebaut
hast, nimmt der krieg. jenseits der
grenze staut sich das wasser, hier
trocknet der boden in den grund.
vergrab, was du nicht tragen kannst,
dein haus in der erde. wo es sicher
ist vor dem angriff von heute.

ich will jeden vogel noch einmal zum abschied küssen

bevor du in die berge gehst,
meine schwester. dort oben lernst
du deine sprache neu. die silben leihst
du dir von den libellen. die grammatik,
die zwischen deinen schulterblättern
sitzt und schmerzt, du streifst sie ab.
du lernst von den schlangen, je höher
du steigst, wo die sonne über die felsen
leckt wie über eine wunde.

Die Autorin dankt PC Rausch Leipzig für die Rettung der Festplatte und dem Künstlerdorf Schöppingen für das Stipendium.

RONYA OTHMANN wurde 1993 in München geboren und lebt in Leipzig. Sie erhielt u. a. den MDR-Literaturpreis, den Caroline-Schlegel-Förderpreis für Essayistik, den Lyrik-Preis des Open Mike, den Gertrud-Kolmar-Förderpreis und den Publikumspreis des Ingeborg-Bachmann-Wettbewerbs. Seit 2021 schreibt sie für die *Frankfurter Allgemeine Sonntagszeitung* die Kolumne *Import Export*. 2020 erschien im Hanser Verlag ihr Debütroman *Die Sommer*, für den sie mit dem Mara-Cassens-Preis ausgezeichnet wurde.